COURS D'ÉDUCATION ET D'INSTRUCTION MUSICALE
D'APRÈS LA MÉTHODE DE Mme MARIE PAPE-CARPANTIER

ANNÉE PRÉPARATOIRE

SOLFÈGE DE L'ENFANT

PAR

Mlle MARIE CHASSEVANT

PARIS

PETIT, AINÉ, LIBRAIRE-ÉDITEUR

RUE DE RICHELIEU, 60

1880

AVIS PRÉLIMINAIRES

Le *Solfège de l'enfant* ouvre la première année de notre enseignement musical. Dans le *Manuel des Mères* nous donnons la marche à suivre pour faire travailler les élèves. Il nous paraît utile d'indiquer ici comment nous avons l'habitude de diviser l'heure consacrée à notre cours préparatoire.

1° Nous en employons la *première partie* à repasser les exercices étudiés précédemment.

2° La *deuxième partie*, pour reposer la voix des enfants, nous sert à enseigner la théorie. A cet effet, tantôt nous racontons un chapitre de l'une de nos histoires, naturellement celui qui est en rapport avec l'exercice ou le morceau que nous faisons apprendre, tantôt nous donnons à écrire des intervalles, ou nous faisons faire des dictées.

3° La *troisième partie* est consacrée aux études nouvelles.

En dehors des cours qui ont lieu deux fois par semaine, nous faisons repasser ce qui a été appris, et lorsque les enfants en son capables, nous leur demandons de faire un petit devoir, soit un *pavillon* et un *arbre*, soit d'écrire de mémoire des exercices ou des intervalles.

Ainsi préparé, l'enfant qui commence le piano, ou tout autre instrument, n'a plus à s'occuper que de ce qui concerne le mécanisme.

INSTRUCTION PRATIQUE CONCERNANT L'EMPLOI DES SIGNES MOBILES

Lorsque les enfants commencent à employer les signes mobiles, il est nécessaire de leur indiquer la manière de s'en servir en reproduisant soi-même, devant eux, l'exercice qu'ils doivent chanter. Pour atteindre ce but, après avoir placé sur une table la portée imprimée qui se trouve dans *le compositeur*, il faut prendre des signes dans le casier 4 *bis*, et les ranger au-dessus de la portée comme dans cette figure :

Les signes placés de cette manière, l'enfant n'aura plus qu'à les abaisser avec le doigt, pour désigner les notes que l'on veut lui faire écrire.

Quand il voudra former un *do*, il prendra une ligne supplémentaire dans le casier 2 *bis* ; placera cette ligne sous la petite note, et il aura cette figure :

Pour former le ré, il abaissera le deuxième signe, puis le troisième, etc.

Quand les enfants ont compris, il faut donner à chacun d'eux une boîte et une *portée imprimée*, en leur demandant d'imiter ce que vous venez de faire. Nous n'avons pas besoin d'ajouter que ce qui est dit ici pour cet exercice s'applique à tous les autres.

PREMIÈRES NOTIONS SUR L'INTONATION

Comment **Madame l'Intonation** indiqua à la mère du petit enfant ce qu'il
fallait faire pour lui apprendre à imiter ces oiseaux.

La mère du petit enfant se disait un jour en se promenant dans son beau jardin : Voici
que mon enfant sait bientôt lire. Si je veux qu'un jour il sache la musique, il faut que je
commence à la lui enseigner. A ce moment, elle vit s'avancer vers elle Madame l'Intonation
qui lui dit : Je viens vers vous, Madame, car je sais que vous avez un petit enfant qui va
arriver à l'âge où il doit apprendre à chanter comme mes oiseaux. Prenez ce livre, il contient
ce qu'ils chantaient quand ils étaient petits comme votre enfant. Vous n'avez qu'à lui faire
chanter les exercices qu'il renferme, et vous pourrez arriver à satisfaire votre désir. Après
avoir dit ces paroles, elle se retira, laissant derrière elle une nuée de petits oiseaux, qui
prirent place dans les lilas en fleurs du beau jardin.

Comment le petit enfant apprit à imiter les oiseaux
de **Madame l'Intonation.**

Le petit enfant arriva quelques instants après la disparition de MADAME L'INTONATION , e
entendant chanter ses petits oiseaux, il dit à sa mère : « Oh ! comme c'est joli !.. Que disent-i
donc les petits oiseaux ? » La mère répondit : Ils chantent, mon enfant. — Je voudrais les avoi
petite mère, comment faut-il faire pour les appeler ? — Répète avec moi les noms que voic

Le premier	s'appelle : DO	Le cinquième s'appelle : SOL
Le second	s'appelle : RÉ	Le sixième	s'appelle : LA
Le troisième	s'appelle : MI	Le septième	s'appelle : SI
Le quatrième s'appelle : FA			

A ce moment, on entendit un bruit d'ailes ; L'enfant regarda, c'étaient les petits oiseau
qui s'envolaient. Quel malheur ! les voilà partis ! ajouta-t-il tristement.

Console-toi, reprit la mère, je sais imiter les oiseaux de MADAME L'INTONATION.

Ecoute : La mère se mit à chanter, l'enfant l'imita, et dit tout joyeux : Moi aussi, je sa
chanter comme les petits oiseaux. Et ils répétèrent bien des fois ensemble, do, ré, mi, fa
sol, la, si, do; do, si, la, sol, fa, mi, ré, do.

Cet air que nous venons de chanter s'appelle la GAMME, dit la mère.

Elle achevait cette phrase quand on vit arriver plusieurs enfants, c'étaient la sœur Jeann
et les cousins et cousines de l'enfant. Tout ce petit monde se groupa autour de la mère, qu
commença ainsi l'histoire des oiseaux de Madame la Mesure.*

---

* Histoire de Madame la Mesure, chapitre Ier.

Comment le petit enfant apprit à écrire ce que disaient les oiseaux
de **Madame l'Intonation.**

Le lendemain, le petit enfant vint retrouver sa mère, et lui dit : Veux-tu que nous chantions la gamme ?

Très-volontiers ; et ils chantèrent. Mon enfant, ajouta la mère, je t'ai réservé pour aujourd'hui une nouvelle surprise !...

* Prends cette boîte, ouvre-la, vois-tu cette feuille pliée en quatre ? Déplie-la......... Que remarques-tu sur cette feuille ?..... — Une longue échelle formée de 5 grandes lignes noires.

Cette échelle s'appelle PORTÉE.

Prends dans le casier n° 1 le signe appelé CLÉ DE SOL, pose-le sur la PORTÉE.

Dans le casier n° 4 bis, se trouvent de petites notes noires avec lesquelles tu vas pouvoir copier le modèle que voici :**

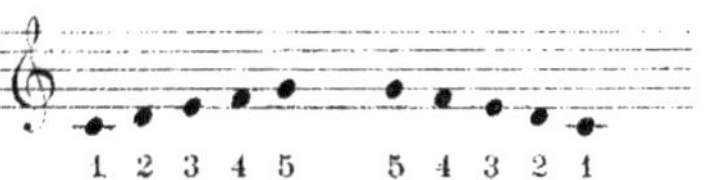

---

* Ici la mère donne à l'enfant la boîte du COMPOSITEUR MUSICAL.

** La séparation qui se trouve entre les deux sols indique un repos où l'on doit respirer.

SOLFÈGE DE L'ENFANT.

Tu vois que pour écrire le DO il faut ajouter une petite ligne. Elle se trouve dans le casier 2 bis. La place en est facile à trouver, elle est marquée par une ligne plus fine que tu vois sous la grande échelle appelée portée.

Quand tu sauras bien chanter ce que tu viens d'écrire, je te ferai copier et chanter les exercices que voici.

* N° 1.

* Pour copier ces numéros prendre les signes dans les casiers 1-2 bis et 4 bis. — Il est important de répéter cinq ou six fois chaque groupe avant de passer au suivant, et de ne quitter un numéro qu'après l'avoir assez étudié pour pouvoir le chanter sans faute ni hésitation.

*N° 2.

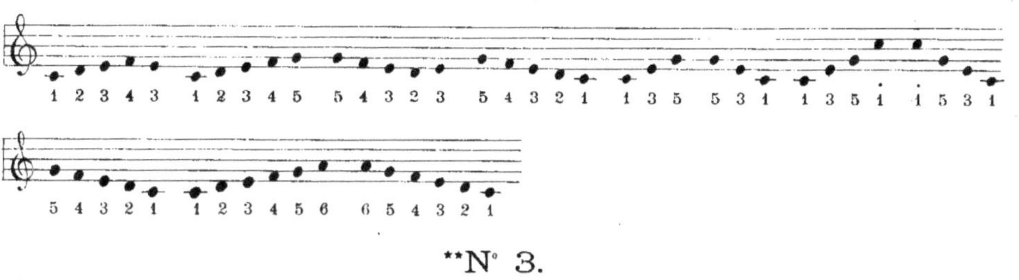

**N° 3.

* Afin de distinguer le DO qui se trouve dans l'intérieur de la portée on met un point au-dessus, exemple : 1. Prendre les signes dans les casiers 1, 2 bis, 4 bis.

** Il est important pour éviter la fatigue de respirer entre chaque groupe.

RÈGLE GÉNÉRALE. Tout exercice avant d'être chanté doit être copié en entier sur la portée avec les signes mobiles.

SOLFÉGE DE L'ENFANT.

N° 4.

1 2 3 2 1 3 2 (respirez) 3 4 5 4 3 5 4 (id.) 5 4 3 4 5 3 4 (id.) 3 2 3 4 3 2 1 (id.) 1 2 3 1 3 1 3 (id.)

2 3 4 2 4 2 4 (id.) 3 4 5 3 5 3 5 (id.) 5 4 3 5 3 5 4 (id.) 4 3 2 4 2 4 3 (id.) 3 4 5 4 2 3 1

*N° 5.

Chers enfants, il faut avant de chanter cet exercice pour apprendre à aller en mesure, faire voler les oiseaux du pavillon de la blanche (♩); battez beaucoup la mesure à 2 temps pour y arriver.

* Pour le n° 5 prendre les signes dans les casiers 1, 2, 3, les batons de mesure sont dans le casier 2 bis. Avec l'écriture en chiffre le zéro tient la place du silence.

N° 6.

1 2 3 4 5   5 6 7 1̇   1̇ 7 6 5   5 4 3 2 1   1 3 5 1̇   1̇ 7 1̇ 7 1̇   7 6 7 6 7   6 5 6 5 6   5 4 5 4 5   5 4 3 2 1

N° 7.

1　1　2　2　3　1 5　0　5　5 4　3 2　3 1　0

do—o　ré–é　mi　fa sol chut so—ol fa　mi ré　mi do chut

✻ *N° 8.

1 7 1 2 3 4 5 6 5   5 6 7 1̇ 2̇ 7 1̇   1̇ 7 6 5 4 3 2   5 4 3 2 1 7 1   1 2 3 3 3 4 5   3 4 5 6 6 7 1̇   1̇ 7 6 5 5 4 3   5 5 4 4 3 2 1

✻ RÈGLE GÉNÉRALE. Afin de distinguer les sons qui sont au-dessous du DO, on met des points au-dessous des chiffres. De même pour distinguer les sons qui sont au-dessus du DO, qui se trouve dans l'intérieur de la portée, on met des points au-dessus des chiffres. Exemple :

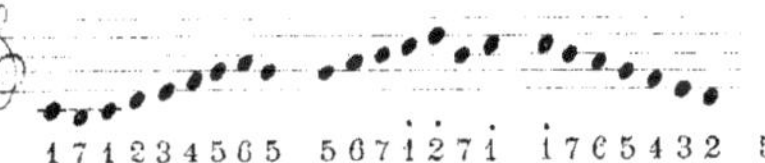

5̣　6̣　7̣　1　2　3　4　5　6　7　1̇　2̇　3̇

N° 9.

N° 10.

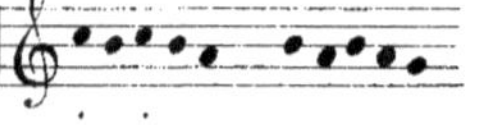

*N° 11.
AIR CONNU.

Fin.

1 1 | 5 5 | 6 6 | 5 5 | 4 4 | 3 3 | 2 2 | 1 0 ‖ 5 5 | 4 4 | 3 3 | 3 2 | 5 5 | 4 4 | 3 3 | 3 2 | Retourner au commencement.

---

* Repassez les n°° 5 et 7 avant de chanter le n° 11.

N° 12.

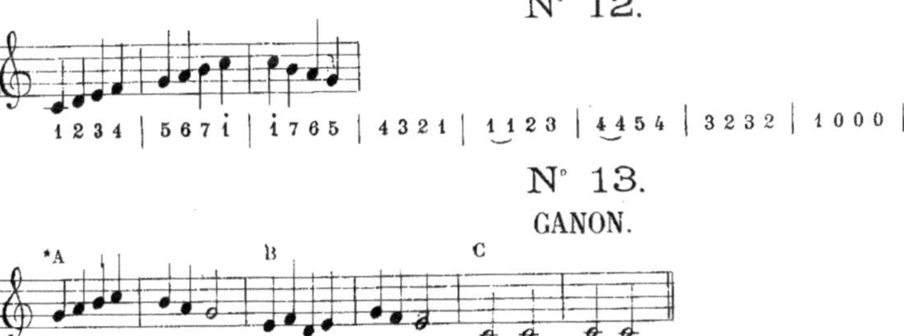

N° 13.
CANON.

Comment le petit Enfant apprit à chanter des Canons.

La mère du petit enfant était très-contente d'avoir à constater chaque jour de nouveaux progrès chez ses jeunes élèves ; elle leur dit :

Maintenant que vous chantez bien ensemble le n° 13, nous allons le chanter autrement.

Voici ce que nous allons faire :

Vous allez vous diviser en trois groupes. Le premier groupe se mettra à ma droite,

* Ces lettres indiquent l'endroit où chaque groupe d'enfants doit partir du commencement.

le deuxième groupe, se mettra en face de moi, le troisième groupe, se mettra à ma gauche. A présent, battez tous la mesure ensemble, et regardez-moi; quand je dirai: commencez! le groupe de droite chantera; puis je dirai au groupe qui est en face de moi, de partir, il chantera aussi en commençant par la première mesure; quand j'avertirai le groupe qui est à ma gauche, il chantera également, toujours en partant de la première mesure.

N° 14.

N° 15.

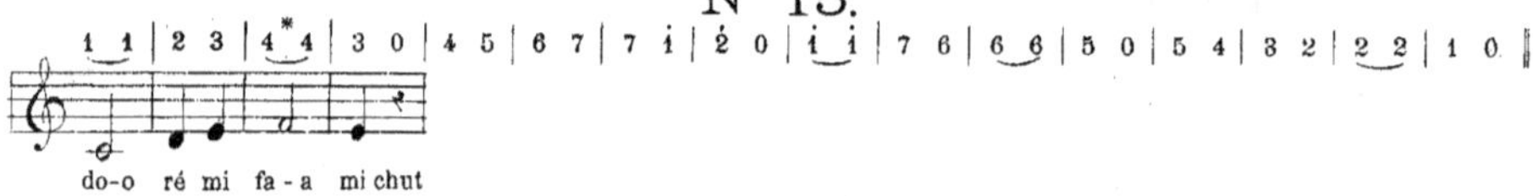

* Pour chanter le FA juste, il faut penser au MI.

N° 16.

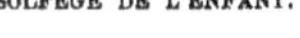

N° 17.

N° 18.

**N° 19.
CANON.

* Pour chanter le SI juste, il faut penser au DO.

** La mère divisa ses élèves en deux groupes. L'un à droite, l'autre à gauche, et leur dit : d'abord le groupe de droite chantera. Quand j'avertirai le groupe qui est à ma gauche, il chantera aussi, toujours en partant du commencement.

N° 20.

6 5 6 4   5 4 5 3   4 3 4 2   3 2 3 i   2 i 2 7 i

N° 21.

Nous allons dire ce numéro de trois manières.

1° En nommant les sons ; cela s'appelle solfier.

2° Nous dirons ces mêmes sons avec une voyelle A, par exemple ; cette manière s'appelle vocaliser.

3° Nous ajouterons des paroles à ces sons ; cette troisième manière s'appelle chanter.

N° 22.

*N° 23.

N° 24.

N° 25.

* Avant de chanter cet exercice, faites battre la mesure à 2 temps, et faites redire le contenu du pavillon de la blanche. Histoire de la Mesure chapitre VI, page.

N° 26.

N° 27.

i 7 6 i 5   7 6 5 7 4   6 5 4 6 3   5 4 3 5 2   4 3 2 4 1   2 1 7 2 1

N° 28.

*N° 29.

CANON.

A présent que vous savez mieux imiter le chant des oiseaux de MADAME L'INTONATION, que vous savez pourquoi ces petits oiseaux s'envolaient de chez MADAME LA MESURE, je vais vous raconter l'histoire du BEAU GÉNIE DE LA NUANCE, écoutez bien. Et la mère commença ainsi : **

N° 30.

L'ENFANT QUI AIME.

(PAS DE L'ENFANT A LA PROMENADE)

---

* La mère divisa les enfants en 4 groupes, et on chanta le canon de la même manière que le n° 13.

** Histoire du BEAU GÉNIE DE LA NUANCE.

*N° 31.

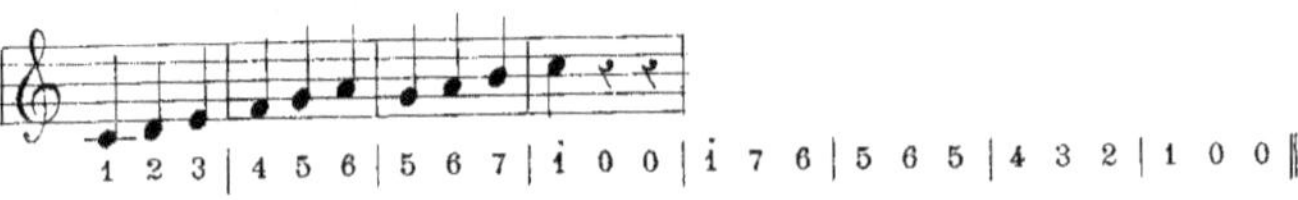

N° 32.

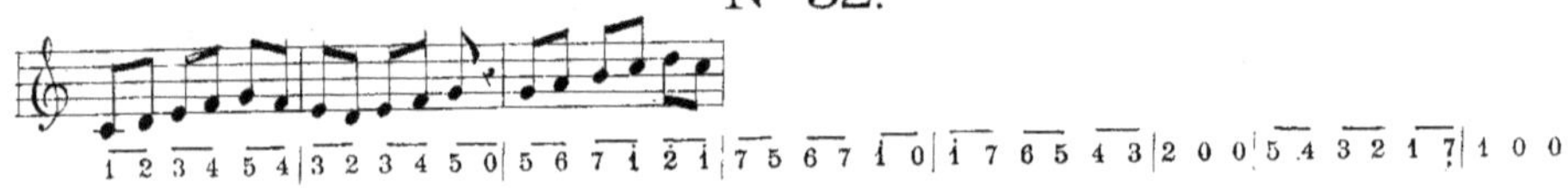

* Avant de chanter cet exercice, battre la mesure à 3 temps, et faire redire le contenu du pavillon de la BLANCHE ENNUYÉE ($\circ\ \circ$). Histoire de MADAME LA MESURE. Chapitre.   Page.

N° 33.

N° 34.

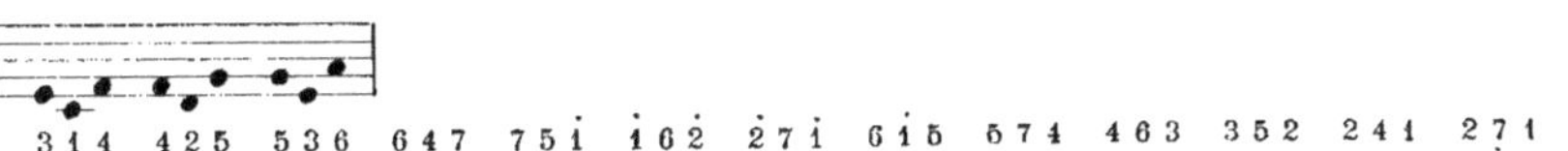

N° 35.

N° 36.

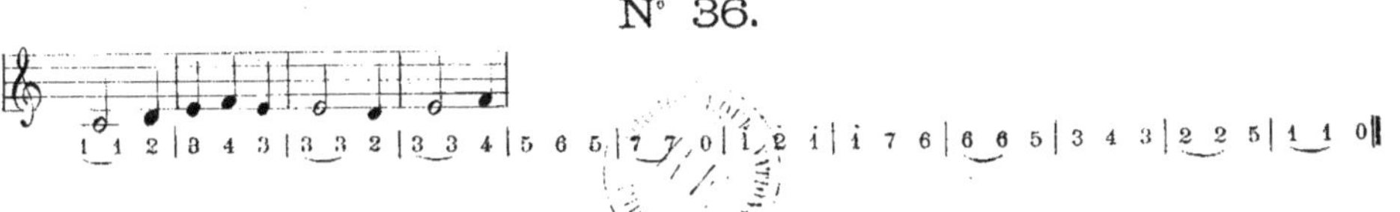

N° 37.
CANON.

A
B
C
D
1 1 3 3 | 2 2 2 2 | 3 1 1 1 | 1 1 7 0 | 1 5 5 5 | 4 4 4 4 | 3 3 1 1 | 5 5 5 0
*N° 38.
1 3 5 3 1 0 1 4 6 4 1 0 1 3 5 3 1 0 7 5 4 2 1 0 1 1 0
Vo-yez vous là haut,   dans leurs jo - lis nids.   Ces oi-seaux charmants,   a - vec leurs pe-tits,   Pe - tits.
N° 39.
1 2 3 4 | 5 4 3 2 | 3 4 5 4 | 3 2 1 | 1 1 2 | 3 3 4 | 5 5 4 | 3 3 2 | 1 0
1 1 2 | 3 3 4 | 5 5 4 | 3 3 2 | 1 0

★ Avant de chanter cet exercice, battre la mesure à trois temps. Dire le contenu du pavillon de la *blanche ennuyée*, Chapitre VII *Histoire de Mᵐᵉ la Mesure*.

*N° 40.

AIR CONNU.

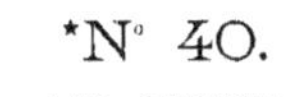

N° 41.

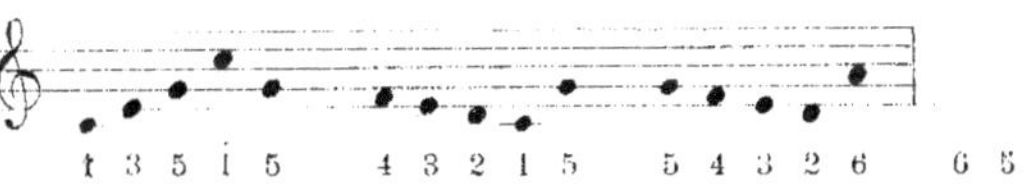

N° 42.

N° 43.

Les enfants qui n'ont pas le MI doivent chanter le 43 bis.

N° 43ᴮᴵˢ.

N° 44.

CANON.

*N° 45.

Appliquez-vous, mes chers enfants. Quand vous saurez chanter les exercices que voici
je vous réserve une nouvelle surprise.

★ Voir *Manuel des Mères.*

A côté du LA et du MI, vous allez mettre un signe en forme de B ; il porte le nom de BÉMOL et indique que le MI est plus près du RÉ, le LA plus près du SOL.

Chantons ensemble l'exercice suivant, une fois avec le MI, une fois avec le MI BÉMOL, une fois avec le LA, une fois avec le LA BÉMOL.

EXEMPLE :

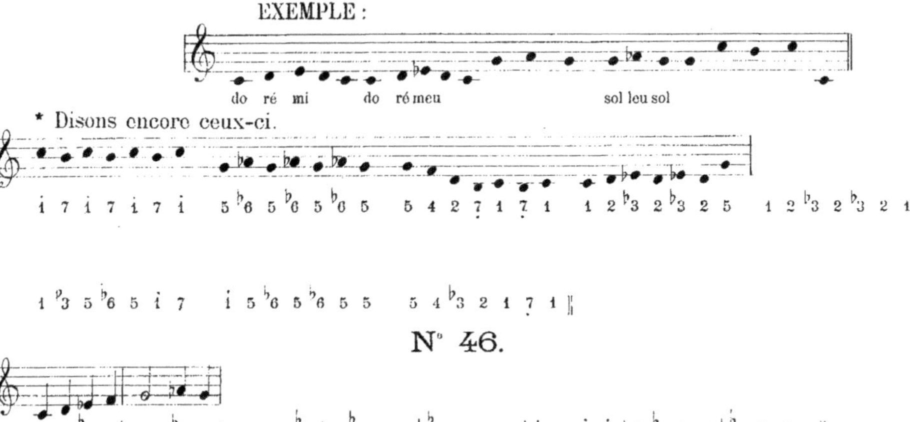

* Pour écrire cet exercice, prenez à la place du bémol (♭) les petites notes bleues qui se trouvent dans le casier 1 *bis*.

N° 47.

EX. PRÉPARATOIRE DU N° 48.

Maintenant mes petits amis que vous pouvez chanter les exercices avec des bémols, je vais continuer l'histoire du BEAU GÉNIE DE LA NUANCE.

*N° 48.

L'ENFANT QUI SOUFFRE.

(PAS DE L'ENFANT FATIGUÉ)

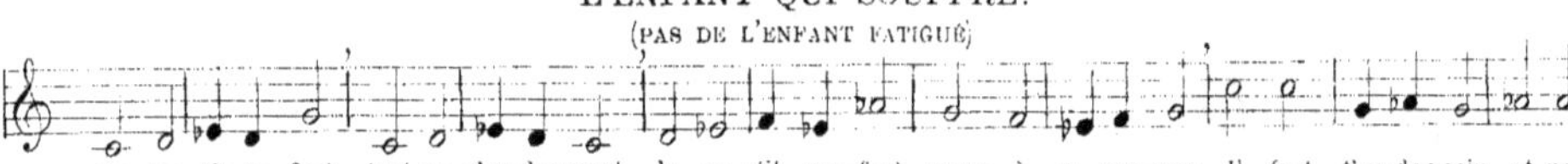

---

* Ne mettez les paroles que quand cet air est parfaitement su. Voir *l'histoire du beau génie de la nuance.*

* Ce signe (♮), que l'on appelle *bécarre*, signifie qu'il faut chanter le *mi* comme dans la gamme de *do* ordinaire.

*N° 51.

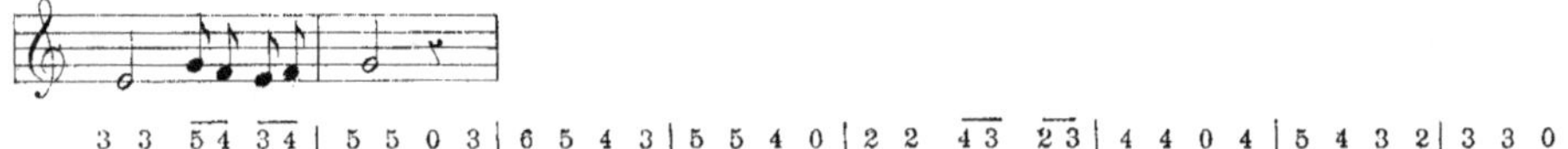

**N° 52.

---

* Battre la mesure à 4 temps, dire le contenu *du pavillon de la ronde*, histoire de la mesure p.   Repasser les exercices de *quartes* p.

** Battre la mesure à 2 temps, dire le contenu *du pavillon de la blanche*, y mettre 2 triolets.

N° 53.

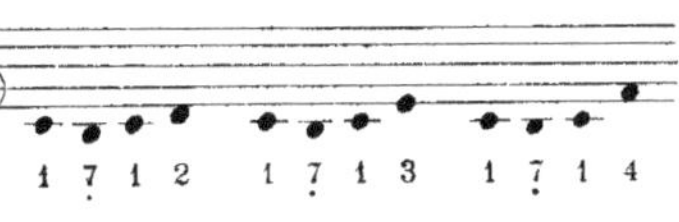

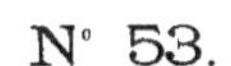

Comment les petits enfants apprirent à connaître l'étendue des voix.

Quand nous chantons ensemble, mes enfants, vous avez pu vous en rendre compte, votre voix pour être à l'aise, ne peut guère chanter qu'une dizaine de sons.

EXEMPLE :

Les grandes personnes, sans se fatiguer, peuvent en chanter davantage. Si aujourd'hui vous vouliez faire comme elles, vous pourriez vous casser la voix ; car il en est de la voix comme de tout le reste. Vous êtes petits, voici pourquoi vous n'avez encore que de petites voix. Il faut attendre et ne pas la forcer en chantant trop haut ou trop bas.

* Pour écrire tous les sons que peuvent chanter les grandes personnes, il faut joindre la portée que vous connaissez, une autre portée de cinq lignes, et entre ces deux portées vous ajoutez une ligne, ce qui fait en tout : ONZE.

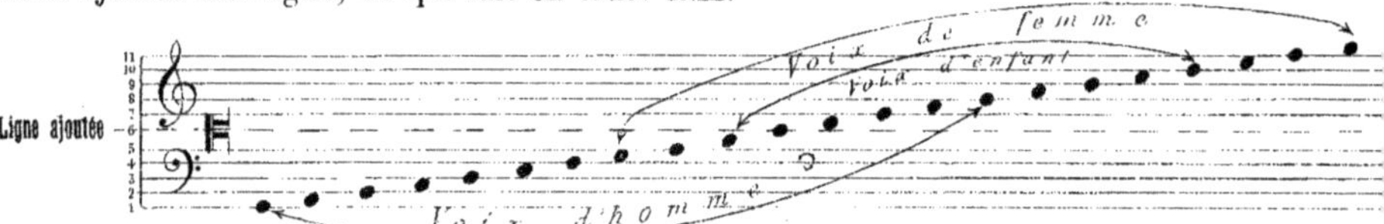

Pour copier ce modèle, prenez dans le casier 4bis des petites lignes supplémentaires avec lesquelles vous allez former la 6me ligne qui est au milieu de cette grande portée.

Sur la 4me ligne, vous poserez d'abord une clé de FA ; sur la 6me ligne, vous poserez une clé de DO, et enfin sur la 8me vous poserez une clé de SOL.

Afin d'empêcher que l'œil ne se perde avec un si grand nombre de lignes, on a l'habitude de séparer la portée, de supprimer la clé de do et d'écrire la musique ainsi :

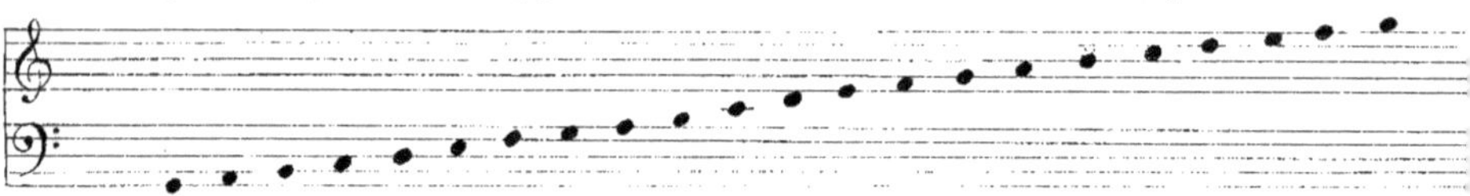

Vous le voyez, c'est absolument la même chose.

A partir de ce jour, les petits enfants s'exercèrent à écrire leurs exercices avec les signes du compositeur, tantôt sur la clé de fa, tantôt sur la clé de sol. Ils firent aussi beaucoup de compositions pour bien connaître les intervalles.

N° 54.

N° 55.

*N° 56.

* Il faut battre la mesure à 2 temps, dire le contenu du *pavillon de la blanche*. *Histoire de Mme la Mesure*, chapitre VI.

N° 57.

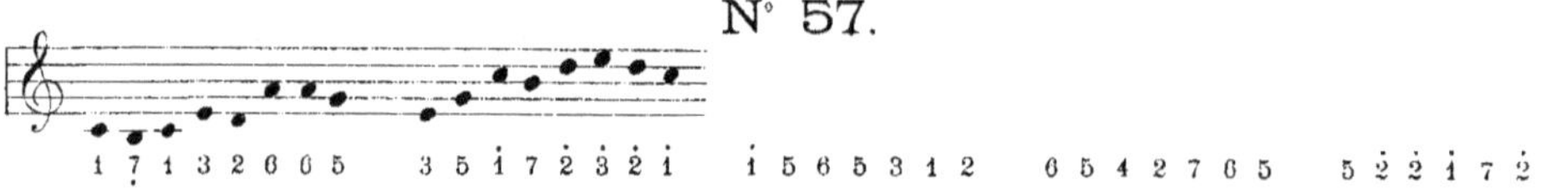

N° 58.

Mes enfants, je vois avec plaisir que vous allez plus en mesure. Vous chantez maintena[nt] des croches et des doubles-croches pour un seul temps, c'est là certainement une difficul[té] de vaincue. Ecoutez donc la continuation de l'histoire du BEAU GÉNIE DE LA NUANCE.

Le petit enfant avait beaucoup de chagrin d'être éloigné de sa mère. Voici ce qui arriva

* Nº 59.

L'ENFANT QUI TRAVAILLE.

(PAS DE L'ENFANT SE RENDANT A L'ÉCOLE)

Nº 60.

* Pour écrire ces numéros, prendre les signes dans les casiers 1-2 *bis* et 4 *bis*. Lire le Chapitre III de *l'histoire du beau Génie de la Nuance*.

$$\overline{\dot{2}\,\dot{1}}\;\overline{7\,6}\;\overline{'5}\;0\,\big|\,\overline{\dot{1}\,7}\;\overline{6\,5}\;\overline{4\,3}\,\big|\,2\;\overline{3\,2}\,\big|\,1\;\;0\,\big\|$$

N° 61.

Imitons le petit enfant ; prenons-nous par la main et chantons en dansant.

L'ENFANT HEUREUX.

(PAS DE L'ENFANT QUI DANSE.)

N° 62.

Comment les petits enfants apprirent à lire les lignes supplémentaires.

Maintenant que vous connaissez les notes de la CLÉ DE FA, avant peu j'espère que nous pourrons commencer l'étude du piano. Vous le verrez, c'est encore une autre manière d'imiter les oiseaux de Mme l'INTONATION. Quand vous les imitez avec vos voix, cela s'appelle faire de la MUSIQUE VOCALE, et quand vous les imitez avec des instruments, le piano par exemple, cela s'appelle faire de la MUSIQUE INSTRUMENTALE.

* Il faut que je vous prévienne qu'on a l'habitude d'écrire certaines notes, tantôt comme si elles appartenaient à la clé DE FA, tantôt comme si elles faisaient partie de la clé DE SOL.

Voici pourquoi : c'est afin de laisser une portée libre, et arriver par là à écrire plus de notes à la fois.

Recopiez vous-mêmes les exemples suivants, il vous sera facile de vous rendre compte que ces deux manières d'écrire sont exactement la même chose. Prenez pour cela des lignes supplémentaires que vous poserez comme dans le premier exemple.

---

* Ici nous recommandons expressément de faire faire tous les exemples avec les *signes mobiles*.

N° 1.

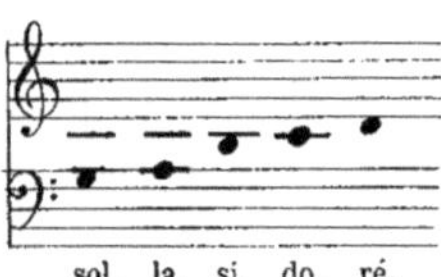

Dans le N° 1, vous le voyez, les deux portées sont occupées. Maintenant rapprochez ce
LIGNES SUPPLÉMENTAIRES de la clé de sol dans le N° 2 et la portée de la clé de fa sera complè
tement libre.

N° 2.

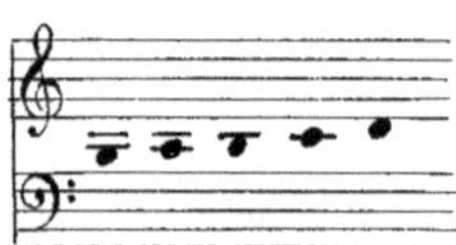

La même chose a lieu pour la clé de sol, dans le N° 3, la portée de la clé de sol est occupée

N° 3.

Dans le numéro 4, cette portée est complétement libre, il vous suffit pour l'imiter de rapprocher les lignes supplémentaires de la clé de FA.

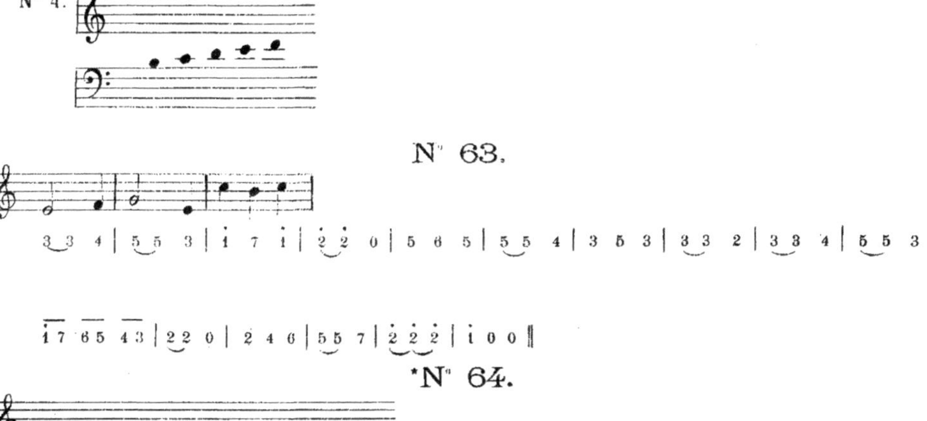

* Prendre des notes bleues, casier 1 *bis*, et des noires casier 4 *bis*.

SOLFÈGE DE L'ENFANT.

1 4 ♭3 2 5 4 ♭3 ' 1 ♭3 5 i 7 i 1 ' i 5 ♭6 5 ' 5 4 ♭3 2 1 7 1

N° 65.

2 ♭3 4 | 4 5 4 | 1 1 2 | ♭3 3 2 | 5 5 7 | 1 0 0 ‖

N° 66.

AIR ARABE.

5 5 ♭6 | 5 4 2 ♭3 | 4 4 5 | 4 ♭3 1 2 | ♭3 ♭3 4 | ♭3 2 1 2 | ♭3 2 | 1 0 ‖

N° 67

N° 67 bis

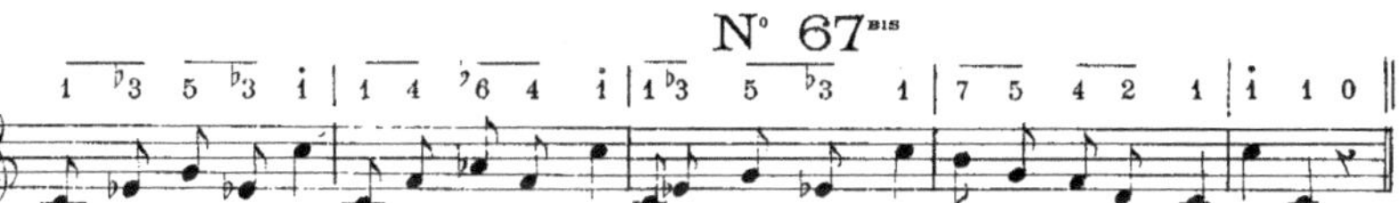

N° 68.

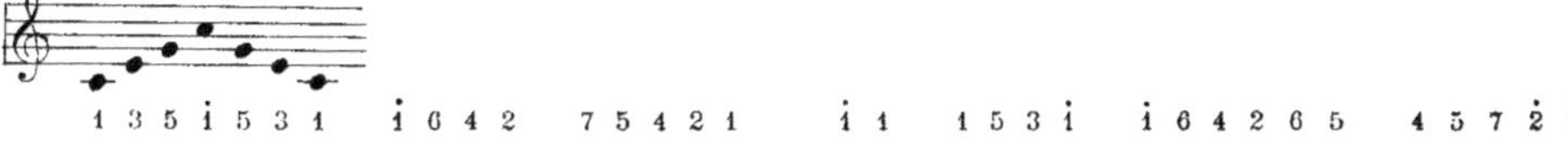

N° 69.

N° 70.

Tous les enfants arrivés au SOL au-dessous de la portée firent cette réflexion : C'est bien ennuyeux que ce soit si bas. La Mère reprit : il y a un moyen, essayons de chanter cet exercice en élevant toutes les notes d'une quinte ; au lieu de partir de DO, nous partirons du SOL

Maintenant que nous avons pris une autre note pour commencer, cela va très-bien En musique, ajouta la mère, prendre un autre point de départ, cela s'appelle CHANTER DAN UN AUTRE TON. Une autre fois, je compte vous expliquer POURQUOI IL EN EST AINSI.

N° 71.

CANON.

N° 72.

N° 73.

N° 74.

N° 75.

1 3 5 1 3   3 4 2 2 3 1   1 2 7   7 1 6   6 7 5 1   2 4 6 5 3 1   2 4 6 5 7 1   2 4 6 5 1 3   2 4 6 5 7 1 1

*N° 76.

1 2 | 3 4 | 5 4 | 3 2 | 1 2 3 4 | 5 4 3 2 | 1 2 3 4 5 4 | 3 2 1 2 3 4
5 4 3 2 1 2 | 3 4 5 4 3 2 | 1 2 3 4 5 4 3 2 | 1 0 ‖

N° 77.

1 2 3 | 4 5 4 | 3 4 3 | 2 3 2 | 1 2 3 4 | 5 4 3 2 | 1 0 | 1 2 3 4 | 5 4 3 2 | 2 3 4 5 | 4 3 2 1 | 2 1

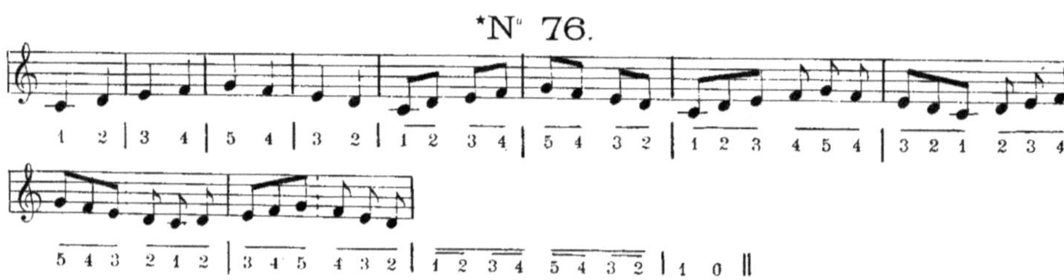

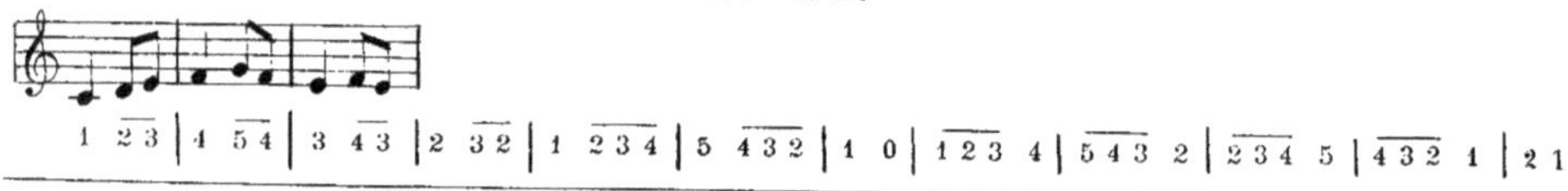

*N° 78.

Si vous avez le désir de connaître les projets que le petit enfant fit avec sa bonne maman, il vous faut mes enfants savoir sans hésitation tous les exercices qui ont précédé. Si non, en entendant la fin de cette histoire du BEAU GÉNIE DE LA NUANCE; il vous sera impossible d'éprouver le même sentiment que lui.

---

* Si le *mi* et le *fa* sont trop aigus, on ne doit pas chanter cet exercice.

N° 80. (1)

L'ENFANT QUI PRIE.

(PAS DE L'ENFANT A LA PROCESSION.)

(1) Dans la partition déposée à la bibliothèque du Conservatoire, ce chœur est indiqué à deux temps. Toutefois nous engageons les mères à faire battre la mesure à quatre temps pour en faciliter la mesure aux élèves.

Les mères
nir Dieu cré - a - teur en ré-pandant la vi - e veut le bon - heur à ve - nir
Les enfants
nir Dieu cré - a - teur en ré-pandant la vi - e veut le bon - heur à ve - nir
Les enfants
nir Dieu cré - a - teur en ré-pandant la vi - e veut le bon - heur à ve - nir
Piano

TABLE THÉMATIQUE

* Nous avons disposé cette table de manière de mettre en parallèle les exercices de mesure et d'intonation de même force, et qui doivent s'étudier en même temps.

VERSAILLES. — IMPRIMERIE CERF ET FILS, 59, RUE DUPLESSIS.

COURS D'ÉDUCATION ET D'INSTRUCTION MUSICALE

D'après la Méthode de Madame Marie PAPE-CARPANTIER

ANNÉE PRÉPARATOIRE

Ce cours préparatoire est divisé en trois parties.

1° MANUEL DES MÈRES, comprenant : l'exposé des principes de la musique et pouvant servir de guide pour faire étudier le solfège aux jeunes enfants pendant la première année préparatoire.   **1 fr.**

2° SOLFÈGE DE L'ENFANT, enseigné à l'aide du *compositeur musical.*

Ce solfège est divisé en deux volumes.

Le premier volume contient des exercices d'intonation et de mesures, de petites phrases faciles et progressives, une série de canons à deux, trois et quatre parties, de maîtres anciens.   **1.50**

Le deuxième volume renferme deux histoires :   **1.50**

1° *L'histoire de Mme la Mesure,* servant à enseigner toutes les combinaisons des rhythmes.

2° *L'histoire du beau Génie de la Nuance* mettant cette partie de la musique à la portée des petits enfants.

COMPOSITEUR MUSICAL

MENTION HONORABLE A L'EXPOSITION DE 1878   **7 fr.**

Dans la boîte du compositeur se trouvent tous les signes employés dans l'année préparatoire du *Solfège de l'enfant.*

Cette boîte se divise en 14 casiers, au couvercle se voit un tableau indicateur qui permet de trouver tous les signes dont on a besoin.

Exemple servant à indiquer la manière d'employer les signes :

Pour écrire cet exemple, on trouve les signes dans les casiers 1, 2 *bis*, 3, 4, 5 et 6.

AVIS. Dans l'enseignement collectif, pour empêcher la *portée imprimée* de se déplacer lorsqu'on s'en sert, il faut la fixer à la table de travail avec de petits clous appelés punaises.*

Dans le cas où l'on voudrait se procurer un plus grand nombre de signes, on peut en trouver chez l'éditeur.

L'emploi du signe mobile évite d'acheter autant de papier à musique, puisqu'il n'est utile d'en employer que pour remettre au net les exemples bien faits.

L'ouvrage complet avec le COMPOSITEUR MUSICAL.   **10 fr.** *net.*

*Ces clous sont employés pour le dessin et se trouvent chez tous les papetiers.